7,058,910 Less Votes

7,058,910 Less Votes

7,058,910 Less Votes

7,058,910 Less Votes

7,058,910 Less Votes

7,058,910 Less Votes

7,058,910 Less Votes

7,058,910 Less Votes

7,058,910 Less Votes

7,058,910 Less Votes

7,058,910 Less Votes

7,058,910 Less Votes

7,058,910 Less Votes

7,058,910 Less Votes

7,058,910 Less Votes

7,058,910 Less Votes

7,058,910 Less Votes

7,058,910 Less Votes

7,058,910 Less Votes

7,058,910 Less Votes

7,058,910 Less Votes

7,058,910 Less Votes

7,058,910 Less Votes

7,058,910 Less Votes

7,058,910 Less Votes

7,058,910 Less Votes

7,058,910 Less Votes

7,058,910 Less Votes

7,058,910 Less Votes

7,058,910 Less Votes

7,058,910 Less Votes

7,058,910 Less Votes

7,058,910 Less Votes

7,058,910 Less Votes

7,058,910 Less Votes

7,058,910 Less Votes

7,058,910 Less Votes

7,058,910 Less Votes

7,058,910 Less Votes

7,058,910 Less Votes

7,058,910 Less Votes

7,058,910 Less Votes

7,058,910 Less Votes

7,058,910 Less Votes

7,058,910 Less Votes

7,058,910 Less Votes

7,058,910 Less Votes

7,058,910 Less Votes

7,058,910 Less Votes

7,058,910 Less Votes

7,058,910 Less Votes

7,058,910 Less Votes

7,058,910 Less Votes

7,058,910 Less Votes

7,058,910 Less Votes

7,058,910 Less Votes

7,058,910 Less Votes

7,058,910 Less Votes

7,058,910 Less Votes

7,058,910 Less Votes

7,058,910 Less Votes

7,058,910 Less Votes

7,058,910 Less Votes

7,058,910 Less Votes

7,058,910 Less Votes

7,058,910 Less Votes

7,058,910 Less Votes

7,058,910 Less Votes

7,058,910 Less Votes

7,058,910 Less Votes

7,058,910 Less Votes

7,058,910 Less Votes

7,058,910 Less Votes

7,058,910 Less Votes

7,058,910 Less Votes

7,058,910 Less Votes

7,058,910 Less Votes

7,058,910 Less Votes

7,058,910 Less Votes

7,058,910 Less Votes

7,058,910 Less Votes

7,058,910 Less Votes

7,058,910 Less Votes

7,058,910 Less Votes

7,058,910 Less Votes

7,058,910 Less Votes

7,058,910 Less Votes

7,058,910 Less Votes

7,058,910 Less Votes

7,058,910 Less Votes

7,058,910 Less Votes

7,058,910 Less Votes

7,058,910 Less Votes

7,058,910 Less Votes

7,058,910 Less Votes

7,058,910 Less Votes

7,058,910 Less Votes

7,058,910 Less Votes

7,058,910 Less Votes

7,058,910 Less Votes

7,058,910 Less Votes

www.ingramcontent.com/pod-product-compliance
Lightning Source LLC
Chambersburg PA
CBHW070614220526
45467CB00003B/1423